어디쯤 가고 있을까

동방 원 제4시집

도서출판 예사랑

著者　東方　元　近影

▲ 모교(국제대학교) 신년하례회 (1995)

▲ 청계천에서 장충동으로 이전한 수표교 현재 모습
　(당시 현장감독)

▲ 6·25 참전 전우와 함께
　(1952)

공무원 문학상 수상 ▶
(2008. 10)

▲ 마포문화원 개원 16주년 기념회에서

◀ 마포미래성장자문단 경의선 숲길을 걷다

삼개시낭송회 ▶
(마포문화원)

▲ 가족과 함께 (2008년 어버이날에)

일성중고 한글사랑 특강 (2009. 7) ▶

▼ 마포문협 춘계시낭송회 (2009. 4)

◀ 마포문화원 시낭송회에 참석한 내빈과 함께 _ 이길원 펜클럽회장, 황금찬 원로시인, 필자(左부터)

▲ 모교(성동공고) 신년하례회 축사(2010)

▲ 시낭송(행촌문학관)

◀ 대학동문들과 함께 (구리시 동문의 농장)

▲ 국제펜 세미나에서
　(2009 문학의집 서울)

국제대학교 국문과 졸업기념 ▶
– 덕수궁에서

▼ 서울시우문인회 『서울시우문학』
　출판기념회에서 (2012. 5. 10)

▲ 서울市友會 작품토론

▲ 서예동우회 전시회에서 (마포구청)

▲ 아코디온 동호인 단합대회에서 (2005)

▲ 공무원문인협회 문학기행

▲ 마포 새우젓 축제 개막식 (2018. 10. 19)

◀ 제73회 성동공고 한마음체육대회
(2010. 5)

제2회 마포구새우젓축제 노래자랑 심사 ▶
(2009. 10. 17)

◀ 한국정책포럼 덕유산 _ 고구마를 캐다
(2009. 12. 5)

마포문인협회 낭송회 ▶
(2011. 6. 24)

▲ 공민왕 사당제례 제관기념

성동공고 총동창회 신년하례회
(건배제의 _ 2010. 1. 15) ▶

▼ 성동공고 총동창회 신년하례회
(2011. 1. 18)

11

▲ 제30회 세계시인대회
(2010. 8. 24~28)

일성여중 시낭송회에서 ▶

◀ 서경대학교(모교) 졸업식에서 동문들과 함께

▼ 제23회 마포신문사 주최 여성백일장 심사(2012. 10. 16)

개막식
마포새우젓축제
◀ 자문단 경의선 숲길 견학

▲ 마포구립 하늘도서관 개관(2013. 11. 12)

▼ 마포미래성장자문단 정기회의(2014. 7. 22)   ▼ 마포미래성장자문단 여수세계박람회 견학(2012. 5. 15)

1 마포구 시무식
2 마포미래성장자문단 정기회의(2014)
3 마포미래성장자문단 현지시찰(2015)
4 마포미래성장자문단 정기회의(2017)
5 문예사조문학상 대상 수상(2014.12.12)
6 문학상 수상 축하 화분

▲ 한국공무원문인협회 신년하례회(2016)

▲ 마포구청장과 함께 (2014)

마포 경의선숲길 책거리 개막식(2016) ▶

▼ 마포문인협회 낭송회 (2017)

▲ 성동공고 동창회 박물관 개관식 (2015. 5. 17)

▼ 마포미래성장자문단 전주 시찰　　　▼ 외손자 김찬울 - 캐나다 런던웨스턴대학교 재학 중

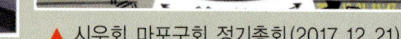

▲ 시우회 마포구회 정기총회(2017. 12. 21)

▲ 국제대학교 동문들과 함께
  (2016. 10. 28)

마포구 보훈회관 개관식 ▶
(2018. 3. 13)

▼ 노웅래 국회의원과 함께
(2018 마포 새우젓 축제에서)

마포구 민선5·6기 ▶
구정참여자와의
간담회
(2018. 6. 25)

16

어디쯤 가고 있을까

동방 원 제4시집

도서출판 예사랑

| 시인의 말 |

나의 길을 걸어가며

　지금까지 살아오는 동안 나는 얼마나 행복했으며 또 얼만큼의 행복할 시간이 남아 있는지 모릅니다. 다만, 나는 지금 어디쯤 가고 있는지? 그리고 또 내가 가야 할 길을 잘 가고 있는지가 궁금할 따름입니다. 숨가쁘게 헤엄쳐 왔던 삶의 여정, 돌아볼 틈도 없이 세모의 끝자락에 와 있습니다.

　혼란과 혼돈의 시대를 지나면서 6.25 참전용사로서 겪었던 정신적 고통이 나로하여금 문학을 가까이하게 만들었나 봅니다.

　돌이켜보면, 내가 가장 활발하게 청춘을 바쳐 일했던 서울시 공무원 30여 년, 그리고 시와 함께 걸어온 나의 발자취는 청계천의 무지개로 떠서 아름답게 서울시를 비추기도 하고 또 내고향 파주 질오목 나루에서 물장구치기도 합니다. 그리고 다시, 밤섬에서 새소리 드설레고 하늘공원에서 억새가 춤추는 마포나루에 긴 여정의 닻을 내리고 정박했습니다.

고향의 작은 이야기로 출발한 나의 시는 때론 수줍게, 때론 당당하게 세상을 향해 소리칩니다. 그곳엔 낯익은 얼굴도 있고 생소한 얼굴도 있습니다. 그러나 낯설지 않게 독자 곁으로 다가가고 싶습니다.

네 번째 시집을 세상에 내놓으면서 이제 나의 길은 지금 어디쯤 가고 있는지 시간의 기억을 더듬어 봅니다.

2018년은 특히 다사다난한 해였습니다. 세계 역사의 한 페이지를 다시 쓰는 벅찬 순간들이 있었고 또 계속되고 있습니다. 그런 가운데 무술년(戊戌年) 한 해도 서서히 저물어가고 있습니다. 함께했던 소중한 인연들이 하나 둘 떠나기도 하지만 또 새롭게 다가오기도 합니다. 그런 행복한 만남을 기대하며 오늘도 한 걸음씩 한 걸음씩 나의 길을 묵묵히 걸어갑니다.

2018년 서설(瑞雪)이 내리는 길목에서

저자 동방 원

■ 서시

자화상(自畵像)

한때 나는
조국을 위해 목숨 바침을
두려워하지 않는 참전용사였다

격랑의 세월에 태어난 것이
내 사명을 저울질 하는 당연한 귀결임에
남을 위해 촛불이 되고 싶었다

등잔불 밑에서 밤을 지새며
내 영혼의 시어(詩語)들을 적어 내려가다가
아침이면 하얗게 지워버리는
바보 같은 나

타인의 아픔을 더 아파하고
노숙자에게 주머니를 털어주고 돌아와서
소주 한 잔으로 허기를 채워도
마음이 부자였던 나

나의 자화상은
소나무분재를 닮았다고 했다

사지(四肢)를 잘리고 몸통이 휘어도
그 자리에 우뚝 서서
꼿꼿한 소나무로
푸르게만 살 수 있다면…….

Contents

차례

- 저자 근영 · 3
- 시인의 말 · 18
- 서시 · 20

제 1 부 바람의 이야기들

역사의 책갈피를 들추며 _ 28
경의선 숲길 따라가면 _ 30
아름다운 봉사 _ 32
서울의 여름 _ 34
유혹하는 문화 _ 36
도서관에서 _ 38
훈련소에서 _ 39
닭, 홰를 치다 _ 40
어찌 우리 그날을 _ 42
절두산(切頭山) 성지에서 _ 44

Contents

삶의 밀어 _ 45
화물열차 풍경 _ 46
붉은 해 솟다 _ 48
풍금소리 _ 50
평화의 공원에서 _ 52
꽃다방 _ 54
바람의 이야기들 _ 56

제 2 부 가을 편지

임진강에 거룻배 띄우고 _ 58
사랑꽃 심으며 _ 60
종점의 밤 _ 62
푸른 기상으로 _ 64
해빙기(解氷期) _ 65
정월대보름 _ 66
아현고가도로 _ 68
현해탄을 넘어서 _ 70
고향집에 꽃이 피면 _ 72

Contents

원두막에서 _ 74
행운목 _ 76
육필(肉筆) 편지 _ 78
작은 꿈 _ 80
주막집 _ 82
발자국 _ 84
그녀의 속내 _ 86
뱃노래 _ 87
초대(招待) _ 88
Way Side Chapel _ 90

제 3 부   포구의 눈물

해후(邂逅) _ 92
사당(祠堂)에 들면 _ 94
금석지감 _ 96
바다의 혁명 _ 98
쌍충비의 역사를 찾아서 _ 100
세상의 등불이 되어 _ 102

Contents

봄이 오는 길목에서 _ 103
흑룡, 비상(飛翔)하다 _ 104
저잣거리 _ 106
대영박물관에서 _ 107
성탄절 _ 108
재래시장 _ 110
포구의 눈물 _ 112
친구를 보내고 _ 114
입덧 _ 116
열차는 달리고 싶다 _ 117
한라에서 백두까지 _ 118
청계천에서 _ 120

제 4 부 어디쯤 가고 있을까

전우의 숨소리 _ 122
떠도는 영혼들 _ 124
비상구가 없다 _ 125
내 살아가는 동안 _ 126

Contents

유년의 뜰 _ 127
어디쯤 가고 있을까 _ 128
백령도에서 _ 130
유월이 오면 _ 132
지워지는 이름들 _ 134
하얀 눈꽃 _ 136
외할머니 음성 _ 137
끝없는 사랑 _ 138
그 이름 _ 139
아직도 _ 140
돌다리 추억 _ 142
아코디언 소리 _ 144
가을 바람결에 _ 145

■ 시집 평설 · 146

제 *1* 부

바람의 이야기들

역사의 책갈피를 들추며

서울에서 신의주까지
내 생의 정점에서 꼭 한 번
레일을 달리고 싶은 한 많은 철길
경의선 숲길 따라가면
줄지어선 나무들과
흐르는 개울들이 모두
시인의 책이 된다

과거 현재 미래
책의 역사와 문화와 예술이 공존하는
경의선 책거리(Gyeongui Line Book Street)
역사적 흐름과 문화와 미래적 가치를
온몸으로 느낄 수 있는
책속의 길 그 멀지 않은 거리
내 발길은 어느새
비무장지대를 넘어
삼팔선을 무너뜨리고

뚜벅뚜벅 걷고 걸어서 마침내
신의주역사(驛舍)에서
역사(歷史)를 다시 쓰고 있다.

경의선 숲길 따라가면

만리재를 숨차게 넘어오면
큰 덕을 쌓아 생긴 이름 공덕(孔德)역
지하철 5호선과 6호선이 교차하고
해외로 이어지는 공항선과
일제강점기 왕래하던 경의·중앙선까지
사통팔달 공덕역이 지금 북새통이다.

폐철길 따라
경의선 선형(線形)의 숲길엔
사계절 온갖 꽃과 나무들의 아름다움
산소를 공급하는 메타세콰이어 길
느티나무 터널로 이어진 청정한
도심 속 녹색정원으로 탈바꿈
은행나무 노란 단풍잎 흩날리는 산책로엔
세교천의 옛이야기 실개천 되어 흐른다.

문화와 예술이 공존하는 경의선 숲길은

비무장지대를 넘어 신의주까지
단절되었던 맥이 복원되어
또 다른 역사를 쓸 수만 있다면…….

아름다운 봉사

희망찬 미래의 주역
사랑과 희생을 실천하는
숨은 자원봉사자
이 시대를 끌고 가는 역사의 수레바퀴는
오늘도 여전히 로타리를 맴돈다

가슴에 손을 얹는다

*「우리가 생각하고 말하고 행동하는데 있어서
　眞實한가
　모두에게 公平한가
　善意와 友情을 더하게 하는가
　모두에게 有益한가」

우리가 추구하는 아름다운 봉사는
기아와 빈곤에 허덕이는 소외된 자들의
등불이 되리라.

섬김으로 평화를
초아의 봉사
그 사랑의 테마를 기억하리라.

* 로타리 네 가지 테스트

서울의 여름
– 한강 백사장에서

내 유년의 여름 한강은
물이 맑고 모래가 고운 인도교 밑
피서객들로 인산인해였지

울긋불긋 파라솔을 펼치고
노출이 두려운 여인의
고운 한복자락 밑으로
발만 물에 담근 채
도시의 여름을 즐기던
한강 백사장 피서풍경

산업화에 부응 한강개발로
50년 전 가버린 백사장이 그리워진다

강물은 그 밑바닥의 비밀을 모른 채
유유히 흐르고

난 연일 폭염에 지친 탓일까
그때의 추억을 되 뇌이며
여름을 잊으려 애써 본다.

유혹하는 문화
-마포문화원 창립 20주년에 부쳐

밤섬이 내려다보이는 망원정
불빛 따라 흐르던 물줄기
강변 풍광 지니고
경의선 철길에 숲을 이루어
문화의 꽃길을 걷는다

와우산 정기 받아
견고히 다져진 지역문화의 산실
온 뜨락에 삶의 향기 가득 넘치고
예술의 혼 흘러라

지역문화의 견인차로
빛이 되고 희망이 되어
묻혀진 역사를 깨우며
멀리 힘차게 달려온 20년

마포문화원은 또 그렇게

예술의 금자탑을 쌓으며
미래를 위한 파종을
멈추지 않을 것이다.

도서관에서

옛 구청사 터에 우뚝 선
마포 중앙도서관
도서관의 새로운 장을 여는
소통과 나눔, 지식문화의 힐링공간으로
마포의 역사를 다시 쓰고 있다

장서(藏書)들로 꽉 들어찬 열람실
켜켜이 쌓인 책갈피를 들추면
수만 갈래로 이어지는 책속의 길로
문학여행을 떠난다.

정보의 홍수시대에
내가 찾아가는 이 길이 비록
아날로그적 느린 네가 필름일지라도
무뎌진 감성을 자극하는
시어(詩語)들을 주우며 주우며
책과의 긴 여행을 떠난다.

훈련소에서

중공군의 인해전술로
통일의 날개 꺾이고
남으로 남으로 밀리던 위기 속의 훈련소

농구화를 베개 삼아 잠들면
야속한 기상나팔은
단잠을 깨우고
콩나물국밥을 눈물로 삼키며
2주간의 실전훈련을 밟아

중서부전선 청성(靑星)부대
온통 포탄 속 치열한 전투
전장에 뒹구는 영혼
그 전우들의 이름을 불러본다

대구 삼덕국민학교 제1훈련소
67년 전 그때의 모든 기억을
나는 애써 지우며 또 떠올린다.

닭, 홰를 치다
― 丁酉年 새해에

천지 아무것도 모르고 단잠 든
세상의 모든 중생들을
목청 돋워 깨우는 닭의 울음

어둠이 싫어, 어둠이 싫어
칠흑(漆黑)의 삼경(三更)을 뚫고
긴 목을 뺀다

꼬끼오

붉은 닭의 해 2017년
새벽을 밝히는
정의의 촛불로 타올라라

닭의 섬세함과 지혜로
사실같지 않은 사실들이

어지럽게 춤추던 병신년(丙申年)은
정유년(丁酉年) 힘찬 기상으로 덮고
장닭이 홰를 치듯
붉은 햇덩이 솟아올라라.

어찌 우리 그날을

동족상잔의 비극 6.25 사변
압록강까지 반격작전의 쾌보(快報)는
중공군의 인해전술(人海戰術)로
통일의 날개 꺾이고
후퇴에 후퇴를 거듭하여
수도 서울을 재점령당했다

1951년 1.4후퇴
혹한(酷寒) 속의 얼어붙은 한강을 건너
남부여대(男負女戴)의 피난길
어찌 그날을 잊으랴

남으로 밀리던 전선은 한강 남쪽에 멈추어
백척간두(百尺竿頭)에 놓였던
전세는 역전되어
꽁꽁 언 주먹밥으로 버티며
온통 포탄 속에 깔려

악전고투(惡戰苦鬪) 끝 상처투성이
서울을 재탈환하였다

지금도 동작동 묘역 바람 사이로
66년 전 실촌 고지에서 격전을 벌이던
전우들의 정령(精靈)이 숨소리로 살아난다.

절두산(切頭山) 성지에서

풍류객들이 산수를 즐기고
사대부와 문인들이 즐겨 찾던
명승지 잠두봉(蠶頭峰)에 어찌
피 맺힌 절두산을 만들었나.

병인박해로 천주교 신자들을
망나니의 퍼런 칼날에
잘린 목은 한강에 던져져
십자가 뿌리내린
순교의 꽃 함께 피워 주소서

지금도 절두산 성지에 서면
성당에서 울리는 성가와
김대건 신부님의 기도 소리가
귓전에서 윙윙거린다.

* 대원군의 병인박해(1866-1871)로 많은 순교자들이 이곳
절두산성지에서 순교하였다.

삶의 밀어

작은 균열 속으로
줄지어 이어가는 개미들의 군상(群像)
그 속에 무거운 짐 지고
느린 걸음 재촉하며 걷는
낯익은 얼굴 하나

고단한 길 위에서
마음 따뜻한 친구 만나
한 잔 술로 취하면 그저
침묵으로 대변하던 나

돌아서는 발자국 위에
남은 시간을 얹어 본다.

나를 꿰뚫어 보는 거울 앞에서
나직한 음성으로 부르는 시(詩)의 노래
하나 둘씩 걸어 나오는
삶의 밀어들과
비로소 회한(悔恨)의 언덕을 더듬는다.

화물열차 풍경

주권을 빼앗겼던
일제감정기
대륙(大陸) 진출을 꾀하고
군용철도로 부설한 경의선

경성에서 신의주까지
삶의 애환을 싣고 달리던 기차는

식민지 지배에서 벗어나자
좌·우의 이념 대립으로
국토의 분단을 초래
급기야
핏빛으로 얼룩진
6.25전쟁의 참극을 낳았다

지붕 없는 남행화물열차엔
남부여대(男負女戴)의
피난민 물결로 가득했다

임진강 철교를 건너던
화물열차의 풍경이
지금도 쓰린 가슴 되어
아련히 떠오른다.

붉은 해 솟다
-2016 丙申年 새해에 부쳐

동방의 작은 나라 한반도에
큰 뜻 품고
동해의 푸른 기상으로
병신년(丙申年) 붉은 해 솟다

맥박이 뛴다
길이 열린다

유순(柔順)함을 따르고
의(義)로움이 조화를 이루고
곧음을 굳건히 하여
군신(君臣)이 함께하는 해

다재다능한
붉은 원숭이의 지혜로
문학의 길 열고
또 다른 길을 만들며 가라

무성한 풀들이 하나로 뭉치고
천 송이 꽃으로 다시 피어나
문예사조(文藝思潮)의 등불이 되어
함께 나아가자.

풍금소리

진주만을 기습한 파도는
태평양을 건너
현해탄을 돌아
제2차 세계대전의 정점에서
이내 잦아들다

일제강점기
주권을 빼앗겼던 아픔의 세월에도
풍금소리 들려오는
양철지붕 6칸 배움의 전당에서
웅지를 품던 그때

내선일체(內鮮一體)를 강조하면서
우리 국어 과목을 폐지하고
근로보국이라는 미명 아래
모내기 · 벼 베기 · 정신대 · 강제 징용과
공출(供出)이라는 이름으로

식량과 유기(鍮器)를 징발하던
36년의 지긋지긋했던 인고의 시간들

흙 범벅이 되어 뛰어 놀던
유년의 아픈 기억 속엔
격랑에 씻긴 세월이
현해탄의 파도에 찢기고 있다.

평화의 공원에서

악취만 쌓였던 불모지(不毛地)
쓰레기 걷어내니
정기(精氣) 서리어
물 뿜어 올리는 연못

새 우짖고
꽃문 다투어 여는 4월 초순
살구꽃 사랑하는 어느 시인이
땀 흘려 일군 호숫가에
시낭송회가 열린다.

혼(魂) 담은 시낭송
시향(詩香) 가득 울려 퍼지면
공원을 거닐던 무리들도
시를 읊는다

쳇바퀴 돌 듯

감기는 삶의 세월 속에
감성을 일깨우는
시(詩), 시(詩)의 꽃이여!

꽃다방

문을 밀치고 들어서면
미소 띤 얼굴의 친근감
한복 차림새의 마담

둥지 찾아들 듯
찾아드는
룸 팬들

직장인 양 일상 출근
죽치고 앉아 있는
백수의 군상들

온갖 시름 다 녹이고
외로움 잠재우던 꽃다방

어둠이 찾아들면
은은히 풍겨오는 다향이
허전함 달래 주고

보릿고개 시절
애환 서린 종점 꽃다방으로
꽃 그림자가 밀려온다.

바람의 이야기들

아득한 시간의 경계 너머로
숨차게 달리던 경의선 철마는
망설임 없이 경성역을 떠난다.

운무처럼 연기를 뿜으며
금촌역에 내려놓던 바람의 이야기들
산모퉁이 돌아 독개다리* 건너면
어느새 개성역, 그리고
삼팔선 너머 신의주까지 철마는 달린다.

고려 오백년 도읍지
선죽교의 혈흔(血痕)을 더듬으면
단심가(丹心歌) 들리는 듯

내 고향 금촌역에 바람 불면
철조망에 찢긴 유년의 추억들이
휘어진 레일 위에 흩어진다.

  * 독개다리 : 임진강 철교의 옛 이름

제 2 부

가을 편지

임진강에 거룻배 띄우고

임진강변의 절벽들
강물위에 비치고
광활한 하늘로 지는
장엄한 저녁노을은
임진강의 절승(絶勝)이다

서해로 흐르는 임진강
해질녘 북쪽으로 날아가는
철새들의 끼룩거리는 여운
자유를 갈망하는 뱃노래

내 유년의 물장구치던 소년들
질오목* 나루에 떠있던
거룻배 노(櫓) 저어 갔던 *사천강변엔
밀짚지붕의 개성인삼밭이 장관이었다.

아! 그 임진강에 비무장지대 웬 말이냐?
70년 분단의 아픈 상처

질오목 나루에서 사천강까지
거룻배 띄우고
노 저어 가고파.

* 사천강; 임진강 지류 (북측) 6.25 사변 전 왕래하던 강임.

사랑꽃 심으며

내 고향 *질오목
파주 오금리 유년의 텃밭에선
내 꿈들이 자라고 있었지

굴미산* 골짜기에서 날아온
벌 나비와 함께 춤을 추었지

튼실한 열매 내어 주던
사랑 꽃 만발하던 질오목
지금도
마음속 텃밭에 사랑꽃 심으며
수십 년을 그렇게 그리워한다.

햇볕 잘 드는 옥상 작은 꽃밭
향수를 일깨워주는
도시의 텃밭은 지금
사랑을 갈구하며 하늘 향한다.

함께 텃밭 일구던 친구들
지금은 어느 곳에서
인생의 텃밭을 가꾸며 살까.

* 질오목과 굴미산은 임진강가에 위치

종점의 밤

희미한 가로등 불빛이
귀빈로 포도(鋪道) 위에 흩어지고
고단한 삶을 접으며
종점의 밤이 깊어간다

동대문에서 마포까지
삶의 애환을 싣고
70년을 달려온 전차(電車)는
한강방죽 앞 종점에서
애수의 경적을 울린다

추억 속으로 사라진 지 50여 년
그렇게 떠밀리고 짓밟히며
일상의 디딤돌로 궤도(軌道)를 질주하여
서민의 발이 되어 주던 전차

내리고 타면
천장에 달아놓은 설렁줄 당겨

출발을 알리던 종소리
땡땡땡

통금이 가까워지는 시간
숨차게 달리는 경적소리
귓가에 맴도는 밤이면

마포종점 그 언저리
민초(民草)들이 법석이던
새우젓 저잣거리에서
먼동이 틀 때 까지
참회록(懺悔錄)을 쓰고 싶다.

푸른 기상으로
－2014 청마의 해에

햇덩이 갈기에 품고
힘차게 달려온 청마(靑馬)

정열과 에너지 넘치는
강한 추진력의 푸른 기상

저기 첩첩의 골짜기
고려의 달빛 뚫고
불시착한 한반도 불모의 땅에
사랑의 씨 뿌렸노라

비상(飛翔)을 꿈꾸며
또 다시 출발점에서
신호를 기다리는 청마

인류 평화의 사신 되어
세계로, 우주로 달려라.

해빙기(解氷期)

겨울 지나간 자리마다
마른 흔적들 켜켜이 남아 있는데
바람은 쉬지 않고 겨울을 깨운다

비무장지대에서 바라본 하늘 가
동토(凍土)의 사선(死線)을 넘나드는
새들의 울음소리

분단의 벽 허물지 못한 채
아직도 아픈 상처 어루만지며
녹아내리는 눈물

내 고향집 처마 밑
고드름 끝에 매달린 결정(結晶)을
혹한의 울타리에 가두고
해빙(解氷)의 바람은
녹슨 기찻길을 넘는다.

정월대보름

귀밝이술 마시며
달을 우러르며 풍년을 기원하는
정월 대보름

한없이 펼쳐진
농한(農閑)의 벌판에서
희망의 불씨 하늘 향해 돌리면
한해의 소망 우주 끝에 닿고

불이야! 외치며 논두렁사이로
내 달리던 옛 친구들
지금 유년의 고향 뜰 헤매며
쥐불놀이 하고 있을까

세월이 남기고 간 흔적들
선인들의 질박(質樸)한 인심
다시금 느낄 수 있다면

다가갈수록 멀어지는 옛 동무들
얼마나 더 그리워해야 만날 수 있을까

정월이 되면 해마다
나의 창문에 뜨는 보름달에게
귀밝이술 한 잔 권하며
두 귀 쫑긋 세워 본다.

아현고가도로

근대화의 상징으로 탄생했던
아현고가도로
46년, 반세기를 거치는 동안
미관(美觀)과 노후(老朽)의 갈림길에서
진통을 앓아왔다.

60년대 후반
소통의 맥으로 탄생되고
교통 요충지에서 소임을 다했던
서울 최초의 아현고가도로

경제성장과 산업화에 부응
꿈을 싣고 달리던 지름길
이제 파란만장 격동기
숱한 애환을 안고
역사 속으로 사라졌다.

2014년 2월 8일 아현고가도로 철거되던 날
눈 내리는 도로에는
시민들의 마지막 공중놀이로
아쉬움을 달랜다.

아듀(adieu) 아현고가도로!

현해탄을 넘어서

나의 초등학교 은사님은
교장선생님의 사모였다
교장선생님의 조회시간 훈화 말씀엔 늘
수행중인 일본군의 태평양전쟁을
아파하는 말씀이 들어 있다

싱가포르 함락 승전기념이라며
놀이공 한 개씩 나누어 주셨던
교장선생님

홀연(忽然) 전세가 뒤바뀌자
부인과 삼 남매를 두고
서둘러 자원 출정(出征)했다.

해방 50년 만에 사제의 연은 이어져
현해탄을 넘어 노구를 이끌고
단숨에 날아오셨다

칠순의 제자들을 일일이 안아주시며
기뻐하시는 모습은
초등학교시절 스승과 제자로
멈춰 있었다

6.25 전쟁으로 잿더미 된 교정
예전과 달라진 학교 모습에
전쟁이 가져다준 상처를 쓸어내리신다.

미수(米壽)에 풀어놓는 추억보따리 속 이야기엔
전쟁에 희생된 교장선생님의
슬픈 사연도 있었다.

잊지 않고 초청해 준 한국의 제자들에게
생애 최대의 행복을 맛보았노라
고백하셨다.

고향집에 꽃이 피면

하얀 웃음 짓던
초가지붕 위 박꽃
뻐꾸기 울음으로 지고

문전옥답 허수아비 손들고
밤새 쫓는 소리에
장닭들은 새벽 홰를 친다.

내 푸른 꿈을 잉태한
그 옛 고향집은
6.25동란으로 사라지고
일가는 흩어져 바람에 뒹군다.

썰물에 드러난 갯벌에서
우정의 싹이 트던 유년의 임진강
그 강물위로 홀연 그어진 휴전선
남과 북은 서로 바라만 본다.

꿈속의 정경은 그전 그대로인데
때때로 찾는 고향 선산 양지녘에
선고(先考)의 너그러움뿐
지척에 보이는 북녘 땅엔
언제 다시 꽃이 피려나.

원두막에서

천년세월
임진강 물은 날마다
해를 안고 표표(飄飄)히 흐른다

저 강물 흐르다가
북녘의 어느 포구에 닿으면
질오목 나루에서 흘려보낸 소식
바람으로라도 전해질까?

식민지 허기진 백성
광주리 끼니로 일구던
가난한 농부의 쉼터

무언의 침묵으로 우뚝 서서
지친 발걸음 쉬어 가게 하던 원두막

그곳에 들면 지금도

혼곤(昏困)히 잠이 오고
꿈속의 그 들녘 길섶
숱한 사연 담아
강물에 띄워 보내고 싶다.

행운목

꽃을 피우면 행운을 가져다 준다는
그는 십여 년 전 나에게로 왔다
명동 유네스코앞 노점에서
토막줄기에 가녀린 목을 길게 빼고
행운을 주고 싶은 간절한 소망 담고
누군가를 찾고 있던 아름다운 자태
나를 만난 그날부터 행운을 만들어내려고
사철 푸른 잎사귀가 무성히 자라났다
수반에서 육년, 화분에 옮겨 심은 지 육년
인고의 시간을 견디고 행운의 꽃을 피웠다
밤이면 마냥 품어내는 그 향훈 맡으며
그에게 동화되어 나눴던 수많은 사랑의 대화
행복한 시간들이 꿈처럼 흘러갔다
화무십일홍(花無十日紅)이라 했던가!
꽃 지고 잎사귀 색깔이 퇴색하더니
정성어린 보살핌에도 시름시름 시들어갔다
행운을 가져다준다던 저 행운목의 운명을

내가 불행으로 가져간 것은 아닌지……
다시 새싹이 돋아나기를 기다리는
나의 인생에도 어느덧 황혼이 드리운다.

육필(肉筆) 편지

미국으로 이민 간 친구가
양면괘지에 가득 채워
그리움으로 접어 보낸
육필(肉筆) 편지를 꺼내
그리움 담아 읽어 본다

고려 500년 도읍지 개성
이토후미(伊藤史) 선생님 따라
기차타고 갔던
정몽주 혈흔(血痕)이 남아 있는
선죽교 수학여행 이야기
고스란히 간직한 소중한 편지

이 가을엔
인터넷을 더듬거리느니
가슴 자락에 남아 있는
추억이 흐르는
육필 편지를 쓰자

단풍이 지쳐
꽃물 들이는 황금빛 낙엽에
육필 안부 전해 보자.

작은 꿈

아련히 떠오르는 강가
노을에 걸린 임진강 돛배가
수평선 너머로 사라져 가고
썰물에 드러난 갯벌 위에서
우리들의 우정은 싹이 트고
갈대숲은 은빛으로 빛나고 있었지

가을운동회가 열리면
뜀뛰기로 승부를 겨루던 친구들

십리 하굣길을 헐떡이며 걸어갈 때
덜컹거리는 달구지에
성큼 태워 주던 우직한 농부 인심

전쟁의 참화를 겪은 학교는
훗날 복구되었으며

신기루의 이야기처럼
거대했던 초등학교 운동장에서
작은 꿈들을 키우고 있었지.

주막집

우수 깊은 나그네들
어둠이 내리는 주막집
둥지로 쏘옥 쏙 모여든다

청운의 꿈을 품은 사람
청운의 꿈을 접은 사람
나름대로 이유 있는 푸념
여과 없이 털어 놓는다

몇 순배 돌면
막혔던 모세혈관에
피돌기가 시작되고
얼룩진 세월의 상흔
흥에 취한다

허상을 걷어버리고
삶의 여정이

가슴으로 소통하는
진실한 고백이
나를 깨운다.

발자국

내 나라 없는 설움
어린 가슴을 찢는다

왜정 통치하에
대동아전쟁의 상처를 안고
유년의 언덕을 오르내렸던
철부지 소년들

방죽에서 발가벗고 물장구치고
삘기 뽑아 피리 불며
씨름으로 힘자랑하던 친구들

해방의 기쁨도 잠시
동족상잔의 6.25전쟁은
또다시 젊음의 추억을
송두리째 앗아갔다

칠십년을 돌아보며
고향언덕을 떠올리면
근로보국이란 미명아래
모심기로 강제부역을 하던
눈물겹던 친구들의 모습과
방죽에서 멱감던 모습

유년의 발자국을 가슴에 찍으며
추억의 끈을 당긴다.

그녀의 속내

질곡의 역사 현장
대마도 남쪽 이즈하라
한국 전통 무용
전통의상 발표회로
그늘진 응어리 풀어

철썩거리는 해변가
자그맣고 허술한
이즈하라[嚴原]호텔
연회장의 한 일본 여인

서녘하늘 바라보면
향수에 젖는다는
알 수 없는 그녀의 속내.

* '93년 3월 한국여행인클럽 주최 대마도 관광협회 후원으로 한국 전통무용과 의상발표회를 가졌음.

뱃노래

어디서 들리는가
자유의 갈망으로
다가오는 뱃노래
분단의 가슴을 적신다

휴전선 타고 넘는 바람
새들의 울음으로 흩어지고
두터운 철조망 사이로
북녘동포의 안부를 묻는다

삘기 뽑고
메뚜기 잡으며 자라던
아! 그 임진강변에
비무장지대(DMZ) 웬말이냐
이산의 아픔이
통한의 눈물로 떠도네.

초대(招待)

누구의 부름 있었기에
세상에 초대된 나

상차림은 현란하지만
내 입맛에 꼭 맞는 것
어디 있으랴만,

남들 못 먹는 시답잖은 시(詩)
그래도 입에 맞게 조리한
특별 초대(招待)

인생의 미련은
그냥 미련으로 남기고
범상(凡常)의 일들은
흐르는 물에 맡겨 둔다

여정(餘情)의 의미 되새기며

석양 앞에서
또 다른
초대를 기다린다.

Way Side Chapel

나이아가라 폭포 가까이 숲 속
Way Side Chapel
여섯 좌석(座席) 넓이의
고딕풍으로 지은
뾰족한 미니 교회 앞

서로 다른
언어와 피부색
성심(聖心)으로 가득해
두 손 모아 정좌(靜坐)하며
삶의 무거운 멍에 내려놓고
숙연해진다

세계에서 제일 작은 교회에서
세상에서 가장 큰
소원을 빌어 본다.

제 3 부

포구의 눈물

해후(邂逅)

설한풍 몰아치던
중서부 실촌 고지
포화 속으로 얼룩지던
그 아픈 고지

갓난 아들 남겨 두고
마지막 흘리는 숨소리
가슴 아프게 불러보는 이름
박광훈. 나의 친구여!

현충일 너의 유택 앞에 서면
그날의 총성이 귓전을 때리는데
친구를 빼닮은 중년의 사내가
광훈의 묘소에 참배를 한다

숨이 멎을 듯한 전율
그는 분명
60년 전 포화 속에 묻힌

광훈의 아들이 아닌가!

생면부지의 아버지를 그리워하는
그의 아들 박기태!
해후의 손을 덥석 잡고
한참을 그렇게 서 있었다.

사당(祠堂)에 들면

고려시대 역사의 소용돌이
고스란히 가슴에 안고 있는
자그마한 기와집

사당에 들면
와우산 정기
온 뜨락에 가득하고
노국대장공주와 속삭이던
사랑이야기 들린다.

원나라에 빼앗겼던 영토 되찾고
노비를 해방시킨
고려 최후의 개혁군주

면면이 이어오는
지역민의 안녕을 기리는
가을 사당 제례
집례관 진행에 따라

600년을 거슬러 재현한다.

나도 아헌관(亞獻官)으로
홀(笏)을 잡고
엄숙히 부복(俯伏)한다

이 시대에도
임금이 친히 나라를 살피는
새 임금으로 거듭나길 바라는
마음으로.

* 사당 : 국가문화재 231호로 지정, 마포구 서강동에 위치.

금석지감

내가 성장한 그 마을
꼴망태 들춰 메고
돌아오던 목동의 뒤를 따라
워낭소리 정겹고

북적거리던 취락(聚落)의
흙내음에 취했던
범부(凡夫)들의 포근한 옛 터전
뒤안으로 사라지고

휴전선 철책 가깝다던 곳
하늘 높이 솟은 아파트 숲 우러러
급기야 선거구 분리로 의석 늘어
19대 국회 300석 되었네

마음 속 고향 모습은
언제나 옛 그대로인데

세월은 살[矢]과 같아
금석지감(今昔之感) 금할 수 없네.

바다의 혁명
— 2012년 여수세계박람회

수천년 파도를 온몸으로 견디고
강인한 생명력을 지켜온
여수 앞바다는 지금 꿈을 꾸고 있다

인류의 미래를 위한
수많은 보고(寶庫)들이 용틀임하며
시시각각 바다로 다가온다

남해의 빛고운 항구 여수
푸른 눈빛이여, 붉은 햇덩이여!

*『살아있는 바다, 숨쉬는 연안』

세계 최초 해양박람회 기염(氣焰)이
2012 여수세계박람회

그 자랑스런 이름으로
바다의 역사를 다시 쓰리라.

* 2012 여수세계박람회 캐치프레이즈

쌍충비의 역사를 찾아서
-순국한 의인들에 부쳐

겨울이 떠나는 이른 봄
순국선열의 용맹을 만나러
강화 초지대교를 건넌다

성문 안해루(按海樓)를 들어서니
갯내음 풍겨 오는
강화 해협이 한눈에 밀려온다

신미양요(辛未洋擾) 때
용두돈대(龍頭墩臺) 전투에서
조선군은 열세한 무기로
용감히 항전했으나
어재연장군 형제와 수비군은
포로가 되기를 거부하고
살신호국 정신으로
혈전을 벌이다 순국하였다

장군과 의인(義人)들의
쌍충비(雙忠婢)와 순의총(殉義塚)이
광성보(廣城堡) 안에 모셔져
충절의 유업을 추모하지만
어찌 그 애국심에 비할까!

세상의 등불이 되어

로타리를 돌고 돌아
백여년의 역사 속에
우뚝 선 마포로타리클럽
사랑으로 실천하고
진실한 마음으로 남을 위해
탐욕을 버리고
선의와 우정으로 단합하여
희생으로 봉사한
약진의 제 2기를 보내며
진일보하여 제 3기로 가는
신록의 길목 2013년
그 사랑의 테마
'초아의 봉사' 계속하여
소외된 세상의 등불이 되자

봄이 오는 길목에서

바람이
잠든 대지를 깨우고
꽃문 다투어 열리는 4월

누리엔 정쟁(政爭)으로 얼룩진
총선 현수막으로 물결친다

시급한 응어리 산적한 채
자구만을 도모하는 여의도
어느 바람 소리에
귀 기울이는가!

흑룡이 여의주 물고 내려오는
봄의 길목엔
어느새
순한 꽃눈 파릇해진다

흑룡, 비상(飛翔)하다
−2012 새해 아침에

밤새 질척이던 파도
바다는 끝내
천년의 햇덩이를 밀어올린다

낙타 같은 머리로
사슴의 뿔을 달고서
토끼 같은 눈을 반짝이며
바람의 갈기를 하늘로 치켜들고
전설 속 흑룡이 착륙한다

이 땅에 구름과 비를 만들고
물과 바다를 다스려
헐벗고 굶주린 백성들에게
에덴동산 생명의 꿈 심으려
용틀임한다

2012년 용상(龍床)에 서서
꿈틀대며 비상하는 날개
우주를 향한 몸짓으로
임진년의 힘찬 발걸음을 내딛는다.

저잣거리

포구문화를 이어가는
마포 삼개나루
만선(滿船)에 나부끼는 깃발
뱃전에 우뚝 선
구군복(具軍服)의 삼개대감
하늘처럼 높고 깊으신
애민(愛民)이시로다

월드컵공원 평화의 광장
황포돛배에 실려온 듯
소금과 새우젓 도가(都家)엔
연일 구름떼처럼 몰려온
민초(民草)들로 법석이고

저잣거리 전통문화체험으로
신명나는 사람들
포구의 함성이 일어선다.

대영박물관에서

문화유산의 가치는
땀과 눈물로 빚어진
오직 그 나라의 문화유산으로써
빛이 나건만
세계 최고(最古)의 대영박물관엔
빛을 잃은 전리품들이
해가 뜨기를 기다리고 있다

로제스타 석(石)에 새겨진
이집트 상형문자를 해독하려는
세계의 관광인파로
유명세를 톡톡히 치르고 있다

3천년전
유리관에 갇혀 있던 미이라들이
뚜벅뚜벅 걸어 나와
눈물을 흘리고 있다.

성탄절

희끗희끗 눈 내리는
서울의 거리
눈발을 맞으며
운집한 시민

원뿔형 트리에
수많은 꼬마전등
주렁주렁 매달리어
점등(點燈) 순간 번쩍
오색찬란한 빛
파노라마 펼쳐져

흰 눈은 펄펄
연인의 가슴으로 내리고
Pat Boone의 캐럴송
거리를 흔든다

화이트 크리스마스
나도 하얗다.

재래시장

만리재를 넘어서면
사통팔달 공덕오거리 한쪽
고층빌딩 사이를 비집고
납작 엎드린 재래시장

우린 누가 먼저라할 것 없이
북새판 골목으로 들어선다

족발집 아지매도 잘 있는지?
인심 후하고 모두가 설지 않아
연전부터 단골이다

사랑이 솟구치고
전통과 현대가 공존하는
공덕시장에서
그리움 삭이며
왠지 어설픈
추억의 술잔을 들이켜다

유년의 고향 오일장에서
국밥 한 그릇으로 행복했던
그 시간의 조각들이
아련히 떠오른다.

포구의 눈물

황해의 물살 가르며
태양이 뜬다

풍어를 울리며
어염(漁鹽)상선 거슬러 들면
붐비던 *삼개포구

갯내음 진하게 퍼지고
강구(江鷗)들의 울음소리
왁자지껄하던 포구 사람들
회한의 눈물 훔치며
통일을 염원하는데

한강의 기적이라 하지만
분단의 아픔을 모른 채
끊어진 뱃길

삼개포구 푯돌[標石]은
세월의 흔적을 더듬는데
만선의 기쁨 다시 이어질
그날은 언제인가.

＊ 삼개포구: 마포의 옛 이름.

친구를 보내고

우정의 등불 치켜들고
수년전
봄빛 유혹하는 날
너를 만난다

육십 성상 맺은
인연의 실타래는
이 찬란한 봄의 길목으로
먼 길 떠났구려

자연의 섭리인가
온갖
속삭이던 꽃망울들
잎눈 틔워
나의 허전함 달래주네 그려

너의 선한 눈매

사무치게 그리울 때면
빛바랜 앨범 속을 들추며
미친 듯 너를 그리워할 거요.

입덧

와우산골짜기
얼음장 깨지는 소리

나목의 가지에서
혹한의 겨울을 이긴
수줍은 꽃망울
고개 내민다

지구촌 곳곳
전쟁과 지진으로
몸살을 해도
계절을 거스를순 없나 보다

봄이 오는 길목에서
나는 지금 심한 입덧을 한다
춘색 창연한 詩둥이 하나
세상에 태어나려나 보다.

열차는 달리고 싶다

푸른 꿈 실은 경의선 열차 타고
코스모스 철길 따라가면
이마를 대고 속삭이던
낮은 초가집들
담장 안에 꿈이 담긴
익숙한 정경(情景)들
어디 숨었나

나만이 감지할 수 있는
유년의 환상을 그리며
어느 결 종착지
도라산 역에 멈춘다

분단의 쓰라린 70년 세월
그리던 조국의 산하
서울에서 신의주까지 달릴
그날이 올 때까지.

한라에서 백두까지
-2005. 8. 15 아침에

새벽 빛깔이 찬란한
60주년 광복의 날
새 아침

세계화의 한반도
아직도 반목과 갈등
한류(寒流)의 풍토

정기 서리는
한라에서 백두까지
너와 나 하나 되어
걸어갈 순 없을까?

이념과 갈등 뛰어 넘어
아무런 이유도 묻지 말고
함께 손잡으면 안될까?

인생도 한 바퀴를 돌아온다는
광복 60주년에…….

청계천에서

　북악산 계곡에서 발원하여 서울 한가운데를 흐르는 물 맑은 청계천에 세종 때 돌로만 짜 맞추어진 돌다리. 육백 년 세월 국난과 자연에 순응하며 삼청골·남산골 거민(居民)들이 밟고 오가던 아름다운 수표교. 당시 나는 수표교 이전공사 현장감독 공무원으로 막중한 책임을 지고 있었다. 1960년 1월, 옛 모습대로 장충단으로 자리바꿈되어 이전 경위(經緯)의 비문안(碑文案)을 가지고 고견(高見)을 경청하려 충신동 월탄 선생님 자택을 찾아갔다. 화로 한켠에 놓인 무쇠주전자에서 김이 모락모락 나는 차를 따라 주시는 근엄하신 노대가(老大家)의 선생님께서 하시는 말씀,

　"추억의 다리이지"
　묵직한 선생님의 음성이 지금도 귓가에 들리는 듯하다.

제 4 부
어디쯤 가고 있을까

전우의 숨소리

설한풍 몰아치던
광주(廣州)실촌 고지
조국위해 휘두르던
내 젊음의 능선에서
총성 어지러이 흩어지며
마지막 꺼져가던
전우의 숨소리
지금도 가까이 들리는 듯
잊을 수 없구려.

고난의 세월 이고 선
생면부지의 어린 핏줄은
중년의 사내가 되어
전우 묘소에서
효성스레 참배를 한다
60년 전 그대 모습 보는 듯
빼닮은 얼굴

그대 생명의 씨앗이란 걸 직감했소

해마다 현충일이 오면
이 땅에 평화를 심고 간
고귀한 전우들의 영령을 기리며
그날의 회한(悔恨)에 젖는다오.

떠도는 영혼들

2010년 3월 26일 밤
백령도 서남방 2.5킬로
검은 파도 위
부표(浮漂)로 떠도는
젊은 영혼에
한이 내린다

긴장감이 흐르는 암흑의 바다
초계함(哨戒艦)이 흔들리고
하늘을 뚫을 듯 굉음(宏音)과 함께
검푸른 물기둥 솟구치고
그들의 마지막 비호(悲號)
물안개로 사라지던 찰나

숭고한 젊음의
장한 46용사의 영혼들
바다 속으로 잠겨
침묵하고 있다.

비상구가 없다

휘영청한 불빛 춤을 추는
은빛 원반 위에
오색등 얼싸안고 젊음이 돌아간다

실버세대를 거부하며
컴퓨터 키보드 위에서
미래를 향한
엔터키를 누른다

황혼으로 가는 길목엔
비상구가 없다
푸른 자유만이
실크로드를 질주한다.

내 살아가는 동안

세상의 바람을 껴안고
이렇게 한 세상 살아 가다가
사노라 단단하게 동여맸던
마음의 끈을 풀어
성큼 헤아려 본다

내 살아가는 동안
애증(愛憎)의 강 수없이 건너며
먼 바다에 닿으면 파도로 일어서던
하얀 그림자

이제는 더 큰 나무로 서서
그 짙푸른 물빛을 보고

나의 영혼과 나의 열매를
모두 나눠주고 싶다.

유년의 뜰

그리움이 켜켜이 쌓이는 저녁이면
북녘하늘 드리운 내 고향 언덕에서
유년의 뜰을 서성이는 꿈을 꿉니다.

차마 갈 수 없는 그곳엔
학창시절의 꿈이 지나가고
한 소년이 소녀를 기다리고 있습니다.

손 내밀어 악수를 청하지만
하얀 철길로 기차는 떠납니다.

얼어붙은 한반도는 아직
녹을 줄 모릅니다.

누구의 잘잘못을 탓하려는가!
가슴으로 한기가 내려앉는 밤
잠들지 못하는 심사 달래며
나는 밭은 기침을 합니다.

어디쯤 가고 있을까

길을 나선다

텅 빈 바랑에 생각을 담고
무거운 시간의 그림자 데리고
길을 떠난다

돌아보면 모두 걷고 싶었던
수만 갈래의 길

거친 새벽길 숨차게 지나고
험한 습곡(褶曲) 고난의 길도
스스로 갈고 닦으며 걸어온 길

바랑 속에 하나 둘 채워지는
영혼(靈魂)의 양식
순간처럼 다가오는 문학의 향기 마시며
발걸음 멈추지 않고

그렇게 오늘도 시간의 미로(迷路)를 걷는다

지금 나는 어디쯤 가고 있을까.

백령도에서

서해 최북단 외딴섬 백령도
어쩌면 잃을 뻔한 섬 언저리에
비명처럼 어지러운 포성이
귓전을 때린다

숨겨진 포대(砲隊)에는
긴장 속에 바다를 응시하는
병사들의 눈빛이 빛난다.

떠나온 장산곶 바라보며
분단의 아픔을 새기는데
어부들의 순한 눈망울은 분주하다

철썩이는 파도 소리
46천안함 용사들의 호곡인 양
따오기 흰 날개울음으로 슬프다

심청이 인당수에 몸을 던져

아버지의 눈을 뜨게 하였다는
심청각엔
효심을 일깨우는 교육의 장이 되고

구한말 최초로 뿌려진
중화동교회에 복음의 씨앗 심으려
통일 염원의 기도를 올린다.

천혜의 섬 백령도에서
다시금 분단의 아픔을 어루만진다.

유월이 오면

불꽃 튀는 설한풍의
실촌 '175고지
치열한 공방전
생과 사의 분수령에
땅거미 사위고 총성 잠들자
하늘 가득 별들이 되살아
꽃처럼 흩날린다

전장의 건빵과 쌓인 눈[雪]으로
겨우 허기와 갈증 달래며
서로 부둥켜안고 정감 넘치는 큰 가슴
따스한 손 잡아 주던 전우여

보훈의 달 유월이오면
국립현충원 유택(幽宅) 찾아
고귀한 영령들의
영원한 안식을 염원한다

지금도
님의 정령이 살아와
숨쉬는 듯
55년 전 속 깊은 눈매
잊을 수 없구려.

지워지는 이름들

회원 명단 속에
환하게 웃고 있는 이름

티 없이 지내온
언제나 반가운 미소로
정담 나누던 벗이여

오늘
그의 영정(影幀) 앞에 향을 피우며
가슴이 쾅! 내려앉는다

핸드폰에서 그의 이름을 검색하고
통화 버튼을 누른다

저승과 이승 사이
우정이 교감하는 바람의 끈을 잡고
한참을 멍하게 서 있다.

수첩 갈피에 끼워져
나를 바라보는 선명한 눈동자
언젠가는 지워지겠지

바람 한 줌
가슴을 훑고 지나간다.

하얀 눈꽃

엄동 고지 초소에서
전방고지를 바라본다

사나운 포화로 멍든 전선
눈 쌓인 골짜기에
모로 누운 철모

이름 없이 가신 넋을 다독이고
능선 따라 성난 설풍(雪風) 잠재운다

아직 흘리지 못한 눈물
하얀 눈꽃으로 내리는가

아직도 잠들지 못하는
북녘산천 골짜기에도 눈은 나리고
한 서린 눈(雪)물 고이는데…….

외할머니 음성

나룻배 왕래하던 임진강
강 건너 돌곶이 외할머니
홀로 외로움을 삼키다
막내 외손자 얼굴 어른거리면
나룻배 타고 건너오셨지

6·25의 비극으로 나룻배 길 막히고
통한의 눈물로
외손주 얼굴 그리다
타계(他界)하신 외할머니

외할머니 그리는 철 든 외손자
오두산 전망대 돌곶이 바라보며
고개 숙여 인사드리면
분단의 철조망 사이로
가슴을 찢으며 들려오는
외할머니 음성.

　　*돌곶이: 장단에 있는 석곶리

끝없는 사랑

뻐꾸기 소리 들리고
제비도 함께 사는
자그맣게 허술한 초가
돌곶이 외할머니

자나 깨나 임진강 건너
외손주를 생각하며
살아온 외할머니
응축된 끝없는 사랑

동란 중에 떠나신 먼 길
70년 세월 거슬러
지금도 못잊어
가끔씩 꿈속으로 찾아오신다.

그 이름

대동아전쟁(大東亞戰爭) 말기에
근로보국이란 미명으로
모심기, 벼베기 하던
눈물겹던 친구들

감격의 광복을 맞은 지
육십 성상 지나

늙마에 그리움 더해
그때 얼굴 떠올리며
오명(汚名)의
창씨개명(創氏改名)
그 이름 나직이 불러 보네.

아직도

예순 돌 광복의 날
매미가 방충망에 걸려서 운다

가버린 긴 세월
잊혀진 날들이
기뻐서 우는 걸까
주권을 빼앗겼던 36년의
원망스러움일까

헌병, 경찰의
전제적 무단정치(武斷政治)
소수인의 감화로
회유책의 문화정치
창씨개명과 조선어과 폐지로
민족성 말살정치(抹殺政治)

풍촉(風燭)의 왜정(倭政)은
원자탄의 세례로

꺼진 지 70년

남북은 아직도
소용돌이로 맴돌고 있다.

돌다리 추억

육백년 돌다리
서울 중심지를 흘러가는
청계천(淸溪川)

세종 때 놓인
돌만으로 깎아 다듬어
짜 맞추어진 돌다리

삼청골, 남산골 오가며
다리 밟기 되었던 수표교(水標橋)
홍수를 조절하는 수표(水標)

많은 국난에 놀라고
대자연에 순응하며
견디어 온 돌다리

시대의 변천이었나
장충단 공원입구 개거(開渠)로

옛 모습 그대로 옮겨 온 지
사십여 성상(星霜) 지나

토목예술의 극치인가
미적 가치를 지닌
육백년 돌다리
선인들의 숨소리 들린다.

* 수표교 이전공사 : 서울특별시 중구 장충동 2가 197-1소재 (서울특별시 유형문화 제18호), 1960년 1월 준공, 10경간으로 길이 27.8m, 폭 7.5m로 서울특별시(시장 임흥순)가 시행하고, 대림산업이 시공하였으며, 현존 비문은 박종화 선생님이 감수하였다.

아코디언 소리

지난 시절 그리던
작은 오케스트라
어느 날 내가 아코디언 소리를
좋아한다는 걸 알았다
한 동안 그냥 듣고 있었다

지나간 추억의 소리 들으니
그렇게 구수한 된장찌개가
그리워졌다
보리밥에 고추를 된장에
찍어 먹으며 듣던 소리다

나

그 시절로
돌아가고 싶다.

가을 바람결에

귀뚜라미 가녀린 울음들 사이로
매미들의 합창이 잦아드는 시간
계절이 교차하는 여름의 끝자락에서
당신의 안부를 묻습니다.

숨막히는 삶의 무게
서서히 서로를 덜어내며
어루만지던 가슴 사이로
새록새록 사랑은 자라나고

그대 향한 비밀한 연서
지금쯤 당신의 마음에 전해졌을까

유난히 커다란 중추(中秋)의 달 속에
정인(情人)의 마음 담아
가을 바람결에 실어 보냅니다.

■ 시집 평설

시단 원로시인의 형이상학파 시 성취
―동방 원(東方 元) 시집 ≪어디쯤 가고 있을까≫

石蘭史 이 수 화
〈PEN고문 · 한국문협22대 부이사장 · 한국문학비평가협회 명예회장〉

동방 원(東方 元) 시집 ≪어디쯤 가고 있을까≫가 상재되다. 「국제대학」(현 서경대학)에서 오영진(吳永鎭), 양명문(楊明文) 선생님으로부터 시를 배웠다.

서울특별시 공직생활 중에도 계속 시를 쓰면서 ≪공무원 문학≫으로 데뷔, 100세 시대 가장 노익장의 원로 시인 중 한 분이시다. 얼마 전엔 재기 넘치던 변세화 시인이 작고해 국제대 교우를 잃은 비감에 젖기도 했으리만치 동방 시인(우리 애칭, 東方 詩人)은 우리 동방의 전통적인 선비시다. 그러니 제6회 모범공무원 포상에, 서울특별시장상, 공무원 문학상, 문예사조문학 대상, 세계문화예술

아카데미 계관시인증까지 받았다. 서울시우문인회 부회장, 공무원문인협회 고문이신 동방 원 시인이야말로 서울의 지성인이시다. 동방 시인은 시집 ≪귀빈로의 가로수≫, ≪마음의 강≫, ≪청계천 무지개≫, 그리고 수필집 ≪질오목 나루≫가 있는데, "질오목 나루에서 물장구 치던 유년의 한 때도 잠시, 역경과 혼란의 시대를 지나면서 정신적 고통과 함께 시인의 문학은 싹이 텄던 것 같다. 숨가쁘게 헤엄쳐 왔던 삶의 여정, 그리고 다시 봄"

어디서 들리는가
자유의 갈망으로
다가오는 뱃노래
분단의 가슴을 적신다

휴전선 타고 넘는 바람
새들의 울음으로 흩어지고
두터운 철조망 사이로
북녘동포의 안부를 묻는다

뻘기 뽑고

메뚜기 잡으며 자라던
아! 그 임진강변에
비무장지대(DMZ) 웬말이냐
이산의 아픔이
통한의 눈물로 떠도네.
　　　-〈뱃노래〉전문

　이 나루는 6.25사변 전에는 남쪽 파주와 북쪽 장단을 왕래하던 나루이니 동방 원 시인의 약력에 '파주' 출생이라 적시한 기록을 보면 동방씨(東方 氏)는 귀한 성씨이며 오래된 성씨이다. 사전에는 인구 현황이 95명이다.
　본관은 충북 淸州 동방(東方 氏)씨로 東方氏는 中國 古代의 伏羲氏의 後孫으로서 濟南(現 山東省)에 淵源을 두고 있으며 伏羲氏가 東方의 震땅에서 태어나 東方을 姓으로 삼았다고 함. 始祖는 未詳이며 李朝, 正祖16년에 文科에 及第. 典籍을 지낸 東方淑氏가 中始祖로서 平北 定州(평북정주)와 博川地方(박천지방)에 거주하였으며, 淑氏의 宗孫三兄弟中 셋째 아들인 熙淵이 南下定着 貫鄕을 淸州로 分派하였으며 아들 聖鉉은 嘉善大夫兼 五衛將을 지낸 동방 원의 시조(始祖)와 중시조(中始祖)의 존함까지 밝

혀 내고 보니 새삼 동방 원 시인의 시가에 대한 친근한 감성적 원근법이 가슴을 치기도 한다. 이것이 바로 시 정신(詩精神)인 것이다.

  시인 동방 원(東方 元)의 포에지(시 정신)가 이산인(離散人)의 애상(哀傷)을 딛고 부릅뜬 정신의 눈을 뜨고 살피는 뜨거운 〈책갈피〉를 보자.

    서울에서 신의주까지
    내 생의 정점에서 꼭 한 번
    레일을 달리고 싶은 한 많은 철길
    경의선 숲길 따라가면
    줄지어선 나무들과
    흐르는 개울들이 모두
    시인의 책이 된다

    과거 현재 미래
    책의 역사와 문화와 예술이 공존하는
    경의선 책거리(Gyeongui Line Book Street)
    역사적 흐름과 문화와 미래적 가치를
    온몸으로 느낄 수 있는
    책속의 길 그 멀지 않은 거리

내 발길은 어느새
비무장지대를 넘어
삼팔선을 무너뜨리고
뚜벅뚜벅 걷고 걸어서 마침내
신의주역사(驛舍)에서
역사(歷史)를 다시 쓰고 있다.
　　-〈역사의 책갈피를 들추며〉전문

　예시의 묘미는 시적 공간과 시인의 상념의 시간이고 교묘하게 더블되어 교직되는 이미지의 복합 영상이다. 그것은 과거, 현재, 미래라는 독자의 통일 염원으로 통합되는 시인의 시정신, 즉 이 시의 주제(시인의 통일완성)를 완성하는 결과에 대한 실천 의지이다. 역사를 다시 쓰고 있는 신의주 역사(驛舍)의 역사(歷史)를 다시 쓰고 있다는 텍스트 후말행의 Pun(驛舍와 歷史) 기법[유음(類音) 복합처리]은 자연스럽게 완결되고 있다. 그만큼 시인의 시정신은 가열하게 달궈진 감성의 열도가 깊게 세련되고 있는 것이다. 시인(東方 元)의 다지고 다져진 시적 열도에 감동케 된다. 이는 저 앞 동방 씨(東方 氏)의 시조가 복희(伏羲)씨와 같은 인문학 계발의 큰 통찰력의 리더였음을 깨

닿게 된 역사적 계기가 민족적 혈맥에서 연면한 지속성을 잇는다는 감동과 맞먹는 우리의 정체성 탐색 결과라 자부한다. 그러나 이 좌절과 모색 끝에 만나는 험한 습곡(褶曲), 고난의 길도 스스로 갈고 닦으며 걷는 길은 영혼의 양도(良道)일 터이다. 시인 동방 원의 길은 도인의 길과 같다. 스스로 물어봐도 시인의 길은 구도자의 길처럼 어둡지 않았다.

  그의 시정신이 항상 앞을 지향하고 있기에 그 지향성은 옆길로 빗나가지 않았던 것이다. 그가 이렇게 다음 예시처럼 자문하는 것이 평생을 옆길로 들어서지 않는 참인간 동방 원 시인의 길이었다.

    길을 나선다

    텅 빈 바랑에 생각을 담고
    무거운 시간의 그림자 데리고
    길을 떠난다

    돌아보면 모두 걷고 싶었던
    수만 갈래의 길

거친 새벽길 숨차게 지나고
험한 습곡(褶曲) 고난의 길도
스스로 갈고 닦으며 걸어온 길

바랑 속에 하나 둘 채워지는
영혼(靈魂)의 양식
순간처럼 다가오는 문학의 향기 마시며
발걸음 멈추지 않고
그렇게 오늘도 시간의 미로(迷路)를 걷는다

지금 나는 어디쯤 가고 있을까.
― 〈어디쯤 가고 있을까〉 전문

예시는 동방 원시[(동방 원 시인의 시가 바라마지 않는 이상태(理想態)인 이른바 저 영국 17세기 대시인 J.던 일파의 형이상학파시(形而上學派詩 Metaphysical Poetry)]를 연상케 하는 그런 완제품에 이르렀다 하겠다. 총 6연 15행으로 구성된 이 메타피지컬 형이상시는 첫 3행에 텅 빈 바랑 같은 육신에 생각(삶의 상념)을 담고 인생길을 떠나는 도입 시를 설정하고 있다. 일테면 한 사람의 인생 항로에 나선 것이다. 그리하여 수만 갈래의 인생길을 돌아보고 험한 습곡 고난의 길도 개척 극복해 문학의 향취에도 취해 발걸음을 멈추지 않지만 그 길은 미로, 지금 시인은 인생길 어디쯤 와있는가 스스로를 성찰하는 지혜로운 삶의 도정에 서 있는 것이다.

여기까지 시인(동방 원)의 도인(道人) 같은 선비의 삶은 평설글 도입부터 거론 해온 시인으로서도 그의 인생은 아름다운 미학의 실천궁행 그 존귀한 길이었다. 시인(동방 원)처럼 지난 세기 세계적인 모더니즘시인의 효장인 T.S. 엘리엇은 저 형이상학파시인 존 단이 개척한 메타피지컬 시의 황금기를 열었으며 그가 세상을 떠난 지 3백년이 지나서도 엘리엇은 존 단의 시세계를 계승하는 위대성을 발휘한다. 그 기막힌 기법이 예시에 발현되고 있는 동방 원 시의 기법인 사상(思想)과 감정(感情)의 통합된 감수성 시학이다.

다시 말해 시인은 사상(思想), 즉 시적 생각(주제 의식)을 현실인식, 즉 아픔·슬픔 같은 감정과 함께 얼버무려서 시의 이미져리(시상)로 통합해 낸다는 것이다.

동방 원 시의 막연한 인생의 시작에서 마침내 시인으로 존경받는 삶을 누리기까지 그 고난 극복의 길을 돌아보고 이제 그 길의 아름다움(제4시집도 펴내게 되고, 보람찬 산문집도 상재한) 앞에 서서 ≪어디쯤 가고 있을까≫, 생철학자 베르그송처럼 뒤돌아볼 후회의 한 순간도 없는 삶을 음미하는 것은 얼마나 깊고 보람찬 삶인가. 동방 원 시의 이쯤에 빛나는 삶의 보람은 떠도는 영혼(靈魂)의 위무(慰撫)다.

　　2010년 3월 26일 밤
　　백령도 서남방 2.5킬로
　　검은 파도 위
　　부표(浮漂)로 떠도는
　　젊은 영혼에
　　한이 내린다

　　긴장감이 흐르는 암흑의 바다
　　초계함(哨戒艦)이 흔들리고
　　하늘을 뚫을 듯 굉음(宏音)과 함께
　　검푸른 물기둥 솟구치고

그들의 마지막 비호(悲號)
물안개로 사라지던 찰나

숭고한 젊음의
장한 46용사의 영혼들
바다 속으로 잠겨
침묵하고 있다.
　　　　－〈떠도는 영혼들〉 전문

　예시는 지금 우리들 중 누구도 모르는 이 없으리라. 동방 원(東方 元)시인인들 저 장한 46용사의 영혼들 앞에 뜨겁고도 장하다고 바다 속으로 잠겨 침묵하고 있는 영혼들께 이제는 평화롭게 잠드시라 한줄기 뜨거운 눈물 섞인 위무(慰撫)의 기원을 빼놓을 수 있으랴. 아니 시인(동방원)이라서 더더욱 뜨겁고도 안타까운 46용사 영혼과 함께 조국의 화평한 내일을 향해 두 손을 모을 수밖엔 없으리라.
　조국처럼 시인에게 뜨겁고 빛나야 할 대지는, 하늘과 바다가 또 어디 있겠으랴. 시인의 선열 공자(孔子)가 아들 공리(孔鯉)에게 말한다. "詩를 배우지 않으면 말 없는 병어리가 되라.(不學詩無以言)" 무슨 말을 할 수 없다는 건가. 리더의 말이다.

시를 모르면 리더의 말을 갖출 수 없다는 뜻이다.

목표를 이루려면 백성의 마음을 얻어야 하는데 이를 위해선 시(詩)가 갖는 강력한 감성적 언어의 힘을 빌려야 한다는 것이다. 이 때문에 중국인들은 시를 배우고 시를 짓는 일에 평생을 걸기도 했다. 중국 지도자의 사상(思想)이 궁금한 것은 한시(漢詩)를 읽어야 하는데 그 시 속엔 세상 저 끝까지가 보이기 때문이다.

"밝은 해는 서산에 기울고/ 황하는 바다로 흘러간다./ 천리 끝까지 바라보자/ 다시 한층 더 오른다"(白日依山盡 黃河 入海流, 欲窮千里目 更上一層樓)

이렇게 중국의 리더(시 지은이 ; 시진핑)의 〈등관작루〉는 관작루에 올라 더 멀리 보려고 노래했지만 우리나라의 시인 동방 원(東方 元)은 무엇을 노래하는지 궁겁기도 한 게 이 평설글의 독자와 함께 떠오르는 생각이고녀 —.

　　그리움이 켜켜이 쌓이는 저녁이면
　　북녘하늘 드리운 내 고향 언덕에서

유년의 뜰을 서성이는 꿈을 꿉니다.

차마 갈 수 없는 그곳엔
학창시절의 꿈이 지나가고
한 소년이 소녀를 기다리고 있습니다.

손 내밀어 악수를 청하지만
하얀 철길로 기차는 떠납니다.

얼어붙은 한반도는 아직
녹을 줄 모릅니다.

누구의 잘잘못을 탓하려는가!
가슴으로 한기가 내려앉는 밤
잠들지 못하는 심사 달래며
나는 밭은 기침을 합니다.
　　　　　　－〈유년의 뜰〉 전문

 동방 원 예시(例詩) 〈유년의 뜰〉은 앞에 시 〈등관작루〉보다 더 한층 지금의 현실을 직시한다. 현실에서 '더 멀리 보는 시력'도 긴요하지만 '현장을 직시할 수 있는 자화상이 우리에게 주는 호소력은 더더욱 시의 감동력을 배가하는 미학 원리라 하겠다.
　이와 같은 미학 원리를 현대 비평가들은 어퍼던스[視覺角度]라 한다. 제 아무리 미인(美人)이라도 사람의 보는 눈의 시각 각도(視覺角度)에 따라 달리 보일 수도 있기 때문이리라-.
　동방 원 시인의 젊고 아름다운 어퍼던스 미학의 더더욱 빛나는 광휘로움이 이 제4시집 ≪어디쯤 가고 있을까≫에선 경천동지(驚天動地)의 놀라움이 발현되기만을 기원해 마지않는다.

저자와의
협약으로
인지생략

동방 원 제4시집

어디쯤 가고 있을까

인쇄 2018 년 12 월 10 일
발행 2018 년 12 월 20 일

지은이 | 동방 원
펴낸이 | 윤해순
펴낸곳 | **도서출판 예사랑**

등록일자 | 제2-4201호(2005 년 7 월 21일)
주   소 | 서울시 구로구 부일로9길 127, 104-405
우편번호 | 08259
전   화 | 010-5291-5522
팩   스 | 02) 334-4010
e-mail : yesarang2005@hanmail.net

값 15,000원

* 잘못된 책은 바꿔 드립니다.

ISBN 979-11-965281-2-6   03810